AF762213

Inversiones para Impacientes

Jackson Cooper

Página de Derechos de Autor

Copyright Holder: © Jackson Cooper
Autor: © Jackson Cooper 2025
Editora: Dakini

Este material está protegido por las disposiciones nacionales e internacionales en materia de derechos de autor y propiedad intelectual. Queda expresamente prohibida cualquier forma de reproducción, distribución, comunicación pública, transformación, o uso no autorizado de la totalidad o parte del contenido, salvo autorización previa y por escrito del titular de los derechos. Cualquier incumplimiento será objeto de las acciones legales pertinentes.

Año de Lanzamiento 2025
Todos los Derechos Están Reservados

Indice

La Oportunidad Toca a la Puerta

La vida está llena de oportunidades, pero el problema no es que no existan, sino que a menudo no estamos preparados para reconocerlas o, peor aún, para tomarlas. Una oportunidad puede pasar frente a tus ojos como un tren que no vuelve a detenerse en la misma estación. Si no estás listo, se va, y con ella, el cambio que podría haber transformado tu vida. Este capítulo no es sobre ser impulsivo, es sobre estar preparado para actuar cuando el momento lo exige, porque en el mundo de las inversiones rápidas, la velocidad es tanto una virtud como una necesidad.

Imagina esto: estás navegando por internet y encuentras una criptomoneda que ha estado subiendo de forma consistente. Decides investigar un poco y todo indica que hay un anuncio importante que la hará dispararse. Pero dudas. Pasa un día, luego dos, y cuando por fin decides comprar, el precio ya está tan alto que la oportunidad se ha desvanecido. Lo que sucede aquí no es falta de suerte, es falta de preparación. El mundo no espera a que decidas. Hay cientos, tal vez miles, de personas listas para tomar esa misma oportunidad en el momento exacto. La pregunta que debes hacerte no es si las oportunidades llegarán a ti, sino si estarás listo cuando lo hagan.

La preparación comienza con la mentalidad correcta. Deja de pensar que todo tiene que ser perfecto antes de actuar. En las inversiones rápidas, no existe tal cosa como la certeza absoluta. Hay análisis, hay cálculos, pero siempre habrá un grado de riesgo. Y eso está bien. El miedo a equivocarte puede ser tu peor enemigo. La clave está en tener suficiente conocimiento y confianza en ti mismo para actuar, incluso cuando no tengas el 100% de la información. Esperar la perfección es igual a ver cómo las oportunidades se escapan una tras otra.

Otra parte importante de estar preparado es aprender a reconocer lo que realmente es una oportunidad. No todas las inversiones rápidas son buenas. Algunas son trampas disfrazadas. Por eso, necesitas entrenar tu ojo para distinguir entre lo valioso y lo engañoso. Esto no significa que te conviertas en un experto de la noche a la mañana, pero sí que comiences a aprender lo básico: entender los mercados, analizar tendencias y, sobre todo, escuchar a tu intuición. Muchas veces, las oportunidades se presentan de formas inesperadas, y estar abierto a verlas desde distintos ángulos puede ser lo que marque la diferencia entre aprovecharlas o dejarlas pasar.

Una de las mejores maneras de prepararte es crear un sistema para ti mismo. Esto puede ser algo tan simple como tener un fondo reservado para invertir. Piensa en esto como tu "capital de oportunidades". No tiene que ser una gran cantidad, pero debe estar disponible y listo para usarse en cualquier momento. Tener este fondo te permite actuar rápidamente cuando algo surge, sin tener que perder tiempo buscando dinero o comprometiendo tus finanzas personales.

También necesitas herramientas. En el mundo de las inversiones rápidas, las herramientas son como armas en un combate. Esto puede incluir aplicaciones de monitoreo de mercados, plataformas de trading o incluso acceso a foros y comunidades donde la información vuela más rápido que en las noticias tradicionales. Si no tienes acceso a la información correcta en el momento correcto, estarás un paso atrás, y en este juego, un paso puede ser todo lo que te aleje de la ganancia.

Pero más allá de las herramientas y el dinero, lo que realmente define tu preparación es tu actitud. ¿Eres de los que piensan demasiado antes de dar un paso? ¿O estás dispuesto a arriesgarte y aprender sobre la marcha? Una actitud de acción puede hacer más por ti que cualquier cantidad de dinero. La acción es lo que transforma la oportunidad en resultados. Sin acción, la mejor oportunidad del mundo no tiene ningún valor.

Por último, entender que no todas las oportunidades serán para ti es igual de importante. Algunas veces, lo mejor que puedes hacer es dejar pasar algo que no entiendes o que no encaja en tus habilidades actuales. Saber cuándo no actuar es tan valioso como saber cuándo hacerlo. No te castigues por las oportunidades que dejas pasar; en lugar de eso, aprende de ellas. Pregúntate por qué no actuaste y usa esa respuesta para estar más preparado la próxima vez.

La vida no espera, los mercados no esperan, y las oportunidades no esperan. Estar preparado no significa que siempre ganarás, pero significa que cuando ganes, será porque hiciste todo lo necesario para estar listo. Y en este mundo de inversiones rápidas, eso ya te pone un paso adelante de la mayoría.

El Riesgo como Parte del Juego

El riesgo es la esencia de cualquier inversión. No importa si es algo pequeño como comprar y revender boletos para un concierto o algo grande como invertir en acciones volátiles; siempre habrá un grado de incertidumbre. Esta incertidumbre, que tantas veces tratamos de evitar, es lo que abre la puerta a las ganancias. Sin riesgo, no hay recompensa. Sin embargo, aceptar el riesgo no significa abrazarlo ciegamente. Se trata de entenderlo, manejarlo y utilizarlo a tu favor. Este capítulo no busca que pierdas el miedo al riesgo, sino que aprendas a verlo como una herramienta, no como un enemigo.

Primero, hablemos de lo que el riesgo realmente significa. Cuando inviertes, ya sea en algo tradicional como bienes raíces o en algo más arriesgado como criptomonedas, básicamente estás haciendo una apuesta informada. Estás diciendo: creo que esto va a suceder, y estoy dispuesto a poner mi dinero en ello. Pero siempre existe la posibilidad de que las cosas no salgan como esperas. Esa posibilidad es el riesgo. No es un monstruo ni un castigo, es simplemente parte del juego. El riesgo no puede eliminarse por completo, pero sí puede ser gestionado, y esa gestión es lo que separa a los que ganan consistentemente de los que pierden.

Muchas personas creen que deben evitar el riesgo a toda costa. Esto las lleva a perder oportunidades que podrían haber cambiado su vida. El problema con esta mentalidad es que no existe tal cosa como una inversión completamente segura. Incluso dejar tu dinero en el banco tiene sus riesgos: la inflación puede erosionar su valor, o puede que nunca crezca lo suficiente como para cumplir tus objetivos. Así que la pregunta no es si vas a asumir riesgos, sino cómo vas a manejarlos de manera que te beneficien en lugar de perjudicarte.

Una forma práctica de abordar el riesgo es pensar en él como algo que puedes calcular. Por ejemplo, si estás invirtiendo en acciones, puedes investigar la volatilidad del mercado, el desempeño pasado de la empresa y los factores económicos que podrían afectar el precio. Esto no te dará garantías, pero te dará un marco para entender qué tan grande es el riesgo que estás asumiendo y si vale la pena. Lo mismo aplica para otras inversiones rápidas como la compra y reventa de productos. Tal vez encuentres un lote de teléfonos inteligentes a buen precio, pero antes de comprarlos, deberías evaluar si la demanda es suficiente para que puedas venderlos rápidamente. Esta evaluación te ayuda a tomar decisiones con los ojos abiertos, en lugar de dejarte llevar por la emoción.

Otro punto crucial es aprender a diversificar. Nunca pongas todo tu dinero en una sola oportunidad, por tentadora que parezca. Este es un error común entre los inversionistas impacientes. Ven algo que parece un "éxito garantizado" y apuestan todo su capital. Cuando funciona, las ganancias son enormes, pero cuando falla, las pérdidas pueden ser devastadoras. La diversificación es tu seguro contra lo inesperado. Divide tu dinero en varias oportunidades. Así, incluso si una falla, las demás pueden compensar la pérdida. Esto no elimina el riesgo, pero lo distribuye, haciéndolo más manejable.

La clave para manejar el riesgo también está en tu mentalidad. Necesitas aceptar que perder es parte del proceso. Nadie, ni siquiera los inversionistas más experimentados, gana en cada movimiento que hacen. Las pérdidas son inevitables, pero lo que importa es lo que haces después de perder. ¿Aprendes de tus errores o te paralizas por el miedo? Cada pérdida contiene una lección que puede ayudarte a ser más inteligente en tu próxima inversión. Pero para aprender, necesitas verla como una parte natural del juego, no como una señal de que deberías rendirte.

Algo que pocas personas mencionan es la importancia de establecer límites claros antes de invertir. Esto significa decidir cuánto estás dispuesto a perder antes de entrar en una inversión. Por ejemplo, si compras acciones, establece un "stop-loss," que es el precio en el que venderás para evitar mayores pérdidas. Si estás en el negocio de la reventa, decide cuánto tiempo estás dispuesto a mantener un producto antes de bajarle el precio para venderlo rápidamente. Estos límites te protegen de dejarte llevar por la emoción y perder más de lo que puedes permitirte.

Por último, recuerda que el riesgo no tiene por qué ser una experiencia negativa. Es una parte natural del crecimiento, no solo financiero, sino también personal. Cuando enfrentas el riesgo y lo manejas con responsabilidad, te conviertes en alguien más valiente, más inteligente y más preparado para enfrentar cualquier desafío, no solo en inversiones, sino en la vida. Porque al final, no se trata solo de ganar dinero, se trata de aprender a tomar decisiones difíciles con confianza.

El riesgo nunca desaparecerá, pero tampoco debería asustarte al punto de no actuar. Aceptarlo como parte del juego es el primer paso para avanzar. Aprende a gestionarlo, a reducirlo y, lo más importante, a usarlo para alcanzar tus metas. La recompensa siempre estará ahí, esperando a aquellos que están dispuestos a aceptar el desafío.

Decisiones Ágiles y Responsables

Tomar decisiones rápidas no significa actuar sin pensar. Este es un error común que mucha gente comete, especialmente en el mundo de las inversiones rápidas. Confunden agilidad con impulsividad, y el resultado casi siempre es el mismo: una mala decisión que les cuesta dinero, tiempo o ambas cosas. La clave está en encontrar un equilibrio. Ser ágil no es lo mismo que ser irresponsable, y este capítulo trata precisamente de eso: cómo tomar decisiones rápidas, pero con fundamento, y cómo hacerlo sin perder de vista la responsabilidad.

Cuando hablamos de decisiones ágiles, lo primero que debes entender es que no siempre tendrás toda la información que quisieras antes de actuar. Esto puede ser incómodo, pero es una realidad que debes aceptar si quieres jugar en este campo. Muchas veces, las oportunidades de inversión no te dan tiempo para analizar cada detalle. Tal vez veas que una criptomoneda acaba de caer de precio y sabes que tiene potencial para recuperarse, pero si te tomas tres días para investigar, el momento habrá pasado. Aquí es donde entra en juego la agilidad: no necesitas saberlo todo, solo lo suficiente para moverte con confianza.

La base de una decisión ágil es la preparación previa. No puedes esperar a que una oportunidad se presente para empezar a investigar. Si lo haces, ya estarás atrasado. En lugar de eso, dedica tiempo a aprender lo básico de las áreas en las que planeas invertir. Por ejemplo, si te interesa el trading de acciones, familiarízate con las herramientas necesarias, entiende cómo funcionan los gráficos y conoce los indicadores clave. Si prefieres la reventa de productos, mantente al tanto de las tendencias del mercado y aprende a calcular márgenes de ganancia rápidamente. La preparación reduce el tiempo que necesitas para tomar una decisión cuando aparece la oportunidad, porque ya tienes las bases claras.

Otro aspecto importante de la agilidad es la capacidad de simplificar. No todas las decisiones requieren un análisis profundo. De hecho, muchas veces, entre más tiempo pases analizando, más dudas surgirán, y podrías terminar paralizado. Aprende a enfocarte en las variables más importantes. Si estás considerando una inversión rápida, pregúntate: ¿es rentable? ¿cuánto estoy dispuesto a perder si sale mal? ¿cuánto tiempo me tomará recuperar mi inversión? Estas preguntas te ayudan a cortar el ruido y enfocarte en lo esencial. La simplicidad es una de las herramientas más poderosas que tienes para tomar decisiones rápidas y efectivas.

Ahora bien, ser rápido no significa actuar sin responsabilidad. Aquí es donde entra la otra mitad de la ecuación. Una decisión responsable siempre tiene límites. Antes de invertir, debes saber exactamente cuánto estás dispuesto a arriesgar y cuál será tu plan si las cosas no salen como esperas. Esto incluye establecer un presupuesto claro para tus inversiones rápidas, uno que no afecte tus necesidades básicas ni te deje en problemas financieros. También significa tener un plan de salida. Saber cuándo cortar tus pérdidas es igual de importante que saber cuándo tomar tus ganancias. La responsabilidad no elimina el riesgo, pero sí lo controla.

La responsabilidad también implica aprender a manejar tus emociones. Las inversiones rápidas pueden ser emocionantes, pero esa emoción puede nublar tu juicio. Cuando ves que algo está funcionando bien, puede ser tentador invertir más de lo planeado, pensando que seguirás ganando. Por otro lado, cuando algo sale mal, podrías sentirte impulsado a tomar decisiones desesperadas para recuperar tu dinero. En ambos casos, las emociones pueden llevarte a actuar de manera imprudente. Aprender a mantener la calma, incluso bajo presión, es una habilidad esencial para cualquier inversionista ágil.

Un buen truco para mantener tus decisiones bajo control es crear un sistema personal. Esto puede ser tan sencillo como establecer reglas para ti mismo. Por ejemplo, decide que nunca invertirás más del 20 % de tu capital en una sola oportunidad, o que siempre venderás cuando alcances cierto nivel de ganancias. Estas reglas actúan como un freno en momentos de emoción y te ayudan a mantenerte enfocado en tus objetivos a largo plazo. Lo mejor de un sistema es que elimina la incertidumbre en el momento de la decisión, porque ya sabes lo que harás incluso antes de que la situación se presente.

Por último, debes aceptar que no todas las decisiones serán perfectas. Incluso con toda la preparación del mundo, habrá veces en las que te equivoques. Esto no significa que hayas fallado, sino que estás aprendiendo. Cada error es una oportunidad para mejorar tu proceso de toma de decisiones. Analiza lo que salió mal y pregúntate cómo podrías haberlo hecho diferente. Con el tiempo, estas lecciones se acumulan y te hacen más rápido, más eficiente y más responsable.

Tomar decisiones ágiles y responsables no es algo que logres de la noche a la mañana. Es una habilidad que se desarrolla con práctica y experiencia. Pero una vez que la dominas, se convierte en una herramienta poderosa que no solo te ayudará en las inversiones, sino también en otros aspectos de tu vida. Porque al final, la verdadera agilidad no está en la velocidad de tus movimientos, sino en la claridad y confianza con la que los haces.

Compra y Venta Rápida de Acciones (Day Trading)

El day trading es el arte de comprar y vender acciones en el mismo día. No estás invirtiendo a largo plazo, no estás guardando esas acciones para que crezcan con el tiempo; estás jugando en el campo del corto plazo, buscando movimientos rápidos en el mercado que puedas aprovechar. Es una de las formas más emocionantes y también más desafiantes de invertir. No es para cualquiera, pero si entiendes cómo funciona, puedes convertirlo en una herramienta poderosa para generar ingresos rápidos. Eso sí, requiere disciplina, enfoque y un conocimiento básico de los mercados.

La idea principal detrás del day trading es simple: comprar barato y vender caro, todo en cuestión de horas o incluso minutos. Los precios de las acciones suben y bajan constantemente durante el día debido a la oferta y la demanda, las noticias del mercado, los reportes financieros de las empresas y otros factores. Como day trader, tu trabajo es encontrar esos movimientos y sacarles provecho antes de que otros lo hagan. No estás tratando de predecir lo que hará una acción en un mes o un año; estás enfocado en lo que hará hoy.

El primer paso para entrar en el mundo del day trading es elegir una buena plataforma de trading. Estas plataformas son herramientas que te permiten comprar y vender acciones de manera rápida y eficiente. Algunas de las más populares son muy fáciles de usar y tienen gráficos, datos en tiempo real y herramientas de análisis que necesitas para tomar decisiones informadas. Investiga cuál se adapta mejor a tus necesidades y asegúrate de elegir una que ofrezca tarifas razonables, porque esas comisiones pueden acumularse rápidamente cuando haces muchas operaciones en un día.

Para tener éxito en el day trading, necesitas aprender a leer los gráficos y a interpretar las tendencias del mercado. Esto puede sonar complicado al principio, pero es una habilidad que puedes desarrollar con práctica. Los gráficos te muestran cómo se ha movido el precio de una acción a lo largo del tiempo, y con el tiempo aprenderás a identificar patrones que te darán pistas sobre lo que podría suceder. Por ejemplo, si una acción ha estado subiendo constantemente durante la última hora, podría ser una buena oportunidad para comprarla, con la expectativa de que siga subiendo un poco más. Pero también necesitas estar preparado para vender rápidamente si las cosas cambian.

Otro aspecto fundamental del day trading es establecer metas claras para cada operación. Antes de comprar una acción, debes tener una idea clara de cuánto esperas ganar y cuánto estás dispuesto a perder. Esto se llama establecer un plan de salida. Por ejemplo, podrías decidir que venderás si el precio sube un 3 % o si baja un 2 %. Tener estas reglas te ayuda a evitar decisiones emocionales en el calor del momento, que es uno de los mayores errores que cometen los nuevos day traders.

El control de las emociones es absolutamente crucial en el day trading. Cuando las cosas van bien, es fácil dejarse llevar por la euforia y empezar a tomar riesgos innecesarios. Cuando las cosas van mal, es igual de fácil entrar en pánico y cometer errores. En ambos casos, las emociones pueden nublar tu juicio. La clave es mantener la calma y seguir tu plan, sin importar lo que esté sucediendo. Recuerda que el day trading no es una apuesta; es una estrategia basada en análisis y datos.

También es importante diversificar tus operaciones. No pongas todo tu dinero en una sola acción, por muy prometedora que parezca. Esto es especialmente cierto en el day trading, donde las cosas pueden cambiar muy rápido. Al dividir tu capital entre varias acciones, reduces el riesgo de perderlo todo si una operación no sale como esperabas. Además, te da más oportunidades para ganar, porque no dependes de un solo movimiento.

Una herramienta útil que muchos day traders usan es el "stop-loss," que es una orden automática que cierra tu operación si el precio de la acción cae a cierto nivel. Esto te protege de pérdidas mayores y elimina la necesidad de estar pegado a la pantalla todo el tiempo. Por ejemplo, si compras una acción por 50 dólares y estableces un stop-loss en 48 dólares, la plataforma venderá automáticamente si el precio baja a ese nivel, limitando tu pérdida a 2 dólares por acción. Esto es especialmente útil si estás operando con varias acciones a la vez.

Aunque el day trading puede ser muy lucrativo, también es importante ser realista. No vas a ganar dinero todos los días, y está bien. Habrá días en los que tomes malas decisiones o en los que el mercado simplemente no coopere. Lo importante es aprender de esas experiencias y seguir adelante. Analiza tus operaciones después de cada día para ver qué funcionó y qué no. Este análisis constante te ayudará a mejorar y a tomar mejores decisiones en el futuro.

Por último, recuerda que el day trading no es para todos. Requiere tiempo, concentración y una buena tolerancia al riesgo. Si eres alguien que se estresa fácilmente o que no puede dedicar varias horas al día a monitorear el mercado, puede que esta no sea la mejor opción para ti. Pero si te sientes cómodo tomando decisiones rápidas, manejando el riesgo y aprendiendo continuamente, el day trading puede ser una forma emocionante y potencialmente lucrativa de invertir.

El day trading no es un camino fácil, pero para quienes están dispuestos a aprender y a trabajar duro, puede ofrecer recompensas que van mucho más allá de lo financiero. Se trata de dominar tus emociones, aprender a tomar decisiones bajo presión y convertirte en alguien que no solo espera oportunidades, sino que las crea. Eso es lo que realmente define a un day trader exitoso.

Ganancias en el Movimiento de Divisas

El mercado de divisas, conocido como Forex, es uno de los mercados financieros más grandes y dinámicos del mundo. Aquí no estás comprando acciones o bienes tangibles; estás comprando y vendiendo monedas de diferentes países. La esencia de este mercado radica en algo muy básico: las tasas de cambio. Estas tasas fluctúan constantemente debido a factores como la economía global, las políticas gubernamentales, las tensiones internacionales y hasta eventos inesperados como desastres naturales. Para quienes entienden cómo funcionan estos movimientos, el Forex representa una oportunidad única para generar ganancias rápidas, aprovechando estas fluctuaciones.

Imagina que tienes dólares y crees que el euro va a subir de valor frente al dólar. Compras euros cuando el tipo de cambio está bajo, esperas a que suba, y luego los vendes, obteniendo una ganancia. Eso es Forex en su forma más simple. Ahora, esto puede sonar muy sencillo, pero el mercado de divisas tiene muchas capas y es importante entenderlas antes de lanzarte. No es un juego de suerte; es una estrategia que requiere observación, análisis y, sobre todo, disciplina.

El primer paso para ganar en el movimiento de divisas es aprender cómo funcionan los pares de divisas. En Forex, siempre estás trabajando con pares. Por ejemplo, el par EUR/USD representa el valor del euro frente al dólar estadounidense. Si el número sube, significa que el euro se ha fortalecido frente al dólar. Si baja, significa lo contrario. La idea es comprar un par cuando crees que el valor de la primera moneda (en este caso, el euro) subirá frente a la segunda (el dólar) y vender cuando alcances una ganancia razonable.

Un aspecto importante del Forex es que no necesitas grandes cantidades de dinero para empezar. Esto se debe a algo llamado apalancamiento, que es una herramienta que te permite operar con más dinero del que tienes en tu cuenta. Por ejemplo, con un apalancamiento de 1:100, podrías controlar 10,000 dólares en el mercado con solo 100 dólares en tu cuenta. Esto suena increíble, pero también implica riesgos, porque cualquier pérdida se magnifica de la misma manera. Es como manejar un auto de carreras: puedes ir muy rápido, pero necesitas saber lo que estás haciendo para evitar un choque.

Para operar en Forex, necesitas una plataforma confiable que te permita hacer transacciones rápidas y efectivas. Muchas plataformas ofrecen cuentas demo, que son una excelente manera de practicar sin arriesgar dinero real. Aprovecha esta herramienta para familiarizarte con los conceptos básicos, como leer gráficos, interpretar indicadores y ejecutar órdenes de compra y venta. Cuando te sientas cómodo, puedes pasar a una cuenta real, pero siempre comienza con pequeñas cantidades de dinero hasta que adquieras más experiencia.

Una de las claves para ganar en el Forex es aprender a leer las señales del mercado. Esto incluye analizar datos económicos como tasas de interés, reportes de empleo, inflación y noticias globales. Por ejemplo, si un país anuncia un aumento en sus tasas de interés, su moneda probablemente se fortalecerá, ya que los inversores querrán aprovechar esos rendimientos más altos. Del mismo modo, si hay incertidumbre política o económica en un país, su moneda podría debilitarse, lo que crea oportunidades para vender o apostar en contra de ella.

Otra herramienta esencial en el Forex es el análisis técnico. Esto implica estudiar gráficos y patrones históricos para predecir cómo se moverá el mercado. Hay muchas estrategias de análisis técnico, desde las más simples, como identificar soportes y resistencias, hasta las más complejas, como el uso de indicadores avanzados como las medias móviles o el índice de fuerza relativa. No necesitas dominar todas estas herramientas, pero es útil aprender algunas que se adapten a tu estilo de inversión.

El Forex también requiere una gran dosis de autocontrol emocional. El mercado puede ser extremadamente volátil, y es fácil caer en la trampa de tomar decisiones impulsivas. Tal vez veas que una moneda está cayendo rápidamente y entres en pánico, vendiendo en el peor momento posible. O tal vez veas que una operación está yendo bien y decidas dejarla correr demasiado tiempo, solo para ver cómo el mercado da un giro y pierdes tus ganancias. La clave es establecer reglas claras antes de comenzar cada operación. Decide de antemano cuánto estás dispuesto a ganar o perder, y cúmplelo sin importar lo que pase.

La diversificación también es importante en el Forex. No pongas todo tu dinero en un solo par de divisas. Hay muchas opciones disponibles, desde pares principales como el EUR/USD hasta pares menores o exóticos que involucran monedas menos conocidas. Aunque los pares principales suelen ser más estables, los pares exóticos pueden ofrecer oportunidades de ganancias más rápidas debido a su mayor volatilidad. Explora diferentes opciones, pero siempre con precaución.

Finalmente, recuerda que el Forex no es un esquema para hacerse rico de la noche a la mañana. Requiere tiempo, práctica y una mentalidad abierta al aprendizaje continuo. No todos los días serán buenos, y eso está bien. Lo importante es enfocarte en el panorama general y no dejar que una pérdida temporal te saque del juego.

Aprende de tus errores, mejora tus estrategias y mantente disciplinado.

El mercado de divisas ofrece una de las oportunidades más emocionantes para generar ganancias rápidas, pero también exige un alto nivel de responsabilidad. Si estás dispuesto a dedicar tiempo a aprender y a manejar el riesgo con cuidado, puede convertirse en una herramienta valiosa para alcanzar tus metas financieras. El secreto está en estar preparado, mantener la calma y actuar con inteligencia en cada movimiento que hagas. En el mundo del Forex, el conocimiento es poder, y la paciencia, aunque sea en un mercado rápido, siempre será tu mejor aliada.

La Apuesta Calculada

En el mundo de las inversiones rápidas, hablar de apuestas puede sonar arriesgado, casi temerario. Pero aquí no estamos hablando de un salto ciego al vacío, sino de una apuesta calculada, una jugada que, aunque implique riesgo, está basada en datos, análisis y una estrategia clara. Es importante entender que toda inversión lleva cierto nivel de incertidumbre. Sin embargo, el arte de la apuesta calculada está en reducir esa incertidumbre tanto como sea posible y, al mismo tiempo, estar preparado para aceptar las consecuencias de tus decisiones.

La diferencia entre una apuesta irresponsable y una apuesta calculada es enorme. Una apuesta irresponsable es cuando actúas por puro impulso, sin entender realmente lo que estás haciendo. Por ejemplo, decides invertir en una criptomoneda solo porque escuchaste a alguien decir que "va a explotar", pero no investigaste el proyecto, no revisaste el mercado y, básicamente, estás esperando que la suerte te favorezca. En cambio, una apuesta calculada es cuando haces tu tarea. Analizas el mercado, estudias las tendencias, evalúas los riesgos y tomas una decisión informada, sabiendo exactamente cuánto puedes ganar y cuánto estás dispuesto a perder.

El primer paso para hacer una apuesta calculada es entender el contexto. Antes de poner tu dinero en cualquier inversión, necesitas saber qué está pasando en ese mercado en particular. ¿Qué factores lo están moviendo? ¿Es una tendencia a corto plazo o algo más sostenible? Por ejemplo, si estás considerando invertir en bienes raíces para reventa rápida, investiga la zona, analiza los precios de las propiedades en el área, y asegúrate de que hay demanda para lo que planeas ofrecer. Si estás pensando en invertir en acciones de una empresa, revisa sus reportes financieros, su historial de desempeño y las noticias relacionadas con su industria.

Otro elemento clave de la apuesta calculada es establecer un objetivo claro. Antes de entrar en cualquier inversión, pregúntate: ¿qué espero lograr con esto? Tal vez estás buscando una ganancia del 10 % en una semana, o tal vez quieres duplicar tu inversión en un mes. Cualquiera que sea tu objetivo, escríbelo y mantenlo en mente durante todo el proceso. Este objetivo te servirá como guía para saber cuándo entrar y salir de una inversión, y evitará que te dejes llevar por las emociones.

Parte fundamental de calcular una apuesta es saber cuánto estás dispuesto a arriesgar. Nunca pongas en juego más dinero del que puedes permitirte perder. Esto puede sonar obvio, pero es un error que mucha gente comete, especialmente cuando ven una oportunidad que parece demasiado buena para ser verdad. Establece un presupuesto específico para tus inversiones rápidas y nunca lo excedas, sin importar cuán tentadora sea la oportunidad. La disciplina financiera es lo que separa a los inversionistas exitosos de aquellos que terminan con deudas y arrepentimientos.

Además, es esencial usar herramientas que te ayuden a gestionar el riesgo. Por ejemplo, si estás operando en mercados como el Forex o el day trading, puedes usar órdenes de stop-loss para limitar tus pérdidas. Estas son órdenes automáticas que cierran tu operación si el precio cae a un nivel determinado. De esta manera, no necesitas estar pegado a la pantalla todo el tiempo y puedes proteger tu capital incluso en un mercado volátil. Las herramientas de gestión de riesgo no eliminan las pérdidas, pero sí las controlan, lo que te da más confianza para tomar decisiones.

Una apuesta calculada también requiere tiempo y paciencia. Puede que encuentres una oportunidad que parezca prometedora, pero si no tienes suficiente información, es mejor esperar. No te precipites solo porque sientes que podrías estar perdiéndote algo. Muchas veces, las mejores decisiones son las que no se toman. Esperar el momento adecuado para entrar puede marcar la diferencia entre una ganancia sólida y una pérdida innecesaria.

Por supuesto, incluso las apuestas más calculadas tienen un margen de incertidumbre. El mercado no es predecible al cien por ciento, y habrá ocasiones en las que las cosas no salgan como esperabas. Aquí es donde entra en juego tu capacidad para aceptar las pérdidas. No todas las apuestas van a ser ganadoras, y eso está bien. Lo importante es que cada pérdida sea una lección. Pregúntate: ¿qué salió mal? ¿Qué podría haber hecho diferente? Con el tiempo, estas reflexiones te ayudarán a tomar mejores decisiones y a reducir los errores.

Finalmente, nunca olvides que una apuesta calculada no solo se basa en números y análisis, sino también en tu confianza personal. A veces, la oportunidad será clara, los datos estarán a tu favor, pero una parte de ti dudará. Esto es natural, porque el riesgo siempre genera incertidumbre. Sin embargo, cuando has hecho tu tarea, cuando has calculado todos los escenarios y te sientes preparado para asumir el resultado, es momento de actuar. La indecisión puede costarte oportunidades, y en el mundo de las inversiones rápidas, el tiempo es crucial.

Hacer una apuesta calculada no significa eliminar el riesgo, sino controlarlo. Es entender que, aunque no puedes garantizar el resultado, sí puedes prepararte para cualquier escenario. Y al final, esa preparación es lo que te da la confianza para moverte en un mundo que puede ser tan impredecible como emocionante. En este juego, no se trata de ser el más rápido o el más audaz, sino el más estratégico. Calcula, actúa y aprende. Esa es la fórmula para convertir cada apuesta en una oportunidad, y cada oportunidad en una posible victoria.

Los Reyes del Corto Plazo

En el mundo de las inversiones rápidas, hay un grupo selecto de estrategias y herramientas que se han ganado el título de los reyes del corto plazo. Son métodos que, cuando se ejecutan correctamente, pueden generar resultados en cuestión de días, horas e incluso minutos. Pero estos reyes no coronan a cualquiera. Para usarlos y sacarles provecho, necesitas comprender cómo funcionan, ser disciplinado y estar preparado para actuar con rapidez. El corto plazo es un reino de oportunidades fugaces, donde los beneficios son para quienes están listos y bien informados.

Uno de los principales protagonistas de este universo es el trading de acciones. Aquí, no estás comprando acciones para guardarlas durante años, como harías en una estrategia de largo plazo. En su lugar, te enfocas en los movimientos diarios o semanales del mercado. Por ejemplo, si ves que una acción sube tras un anuncio positivo de la empresa, puedes comprarla, esperar un pequeño incremento en su precio y luego venderla para obtener una ganancia inmediata. Esta estrategia requiere que estés constantemente atento a las noticias, reportes financieros y cualquier factor que pueda mover los precios.

Otro de los reyes del corto plazo es el mercado de divisas o Forex. Este mercado opera las 24 horas del día, lo que significa que siempre hay oportunidades disponibles. Las monedas suben y bajan de valor constantemente debido a factores como las tasas de interés, la política global y los eventos económicos. Al igual que en el trading de acciones, la clave aquí es identificar esos pequeños movimientos de precios y aprovecharlos antes de que desaparezcan. Por ejemplo, si el dólar estadounidense sube frente al euro debido a un cambio en las políticas del banco central, podrías entrar al mercado, hacer tu operación y salir en cuestión de horas con una ganancia.

Las criptomonedas también se han ganado un lugar en este reino del corto plazo. Aunque son conocidas por su alta volatilidad, esta misma característica las hace perfectas para quienes buscan resultados rápidos. Las criptomonedas pueden tener movimientos de precio significativos en un solo día, lo que ofrece oportunidades tanto para comprar como para vender. Sin embargo, aquí es donde la investigación y el control emocional se vuelven cruciales. No puedes entrar en este mercado esperando adivinar el próximo movimiento; necesitas datos, análisis y una estrategia clara.

Los bienes raíces también tienen su espacio en el mundo de las inversiones rápidas, aunque de una manera diferente. Comprar, renovar y revender propiedades, conocido como flipping, es una estrategia que puede generar retornos significativos en cuestión de meses. La clave está en encontrar propiedades con potencial, hacer las mejoras necesarias y venderlas rápidamente en un mercado en alza. Esto requiere más tiempo y capital inicial que otras estrategias, pero para quienes están dispuestos a trabajar en ello, puede ser extremadamente lucrativo.

Además de estas estrategias más conocidas, también hay otras opciones menos tradicionales que funcionan en el corto plazo. Por ejemplo, invertir en startups a través de plataformas de crowdfunding puede darte retornos rápidos si la empresa logra crecer rápidamente o ser adquirida. Del mismo modo, prestar dinero a través de plataformas de préstamos entre personas, conocidas como peer-to-peer lending, puede generar ingresos en plazos tan cortos como semanas o meses, dependiendo del acuerdo.

El éxito en este reino no se trata solo de identificar oportunidades, sino también de saber cuándo actuar y cuándo retroceder. El corto plazo es rápido y emocionante, pero también puede ser implacable. Si entras en una inversión sin un plan claro, el mercado te puede pasar factura. Cada estrategia requiere su propio conjunto de habilidades, y es tu responsabilidad dominarlas antes de poner tu dinero en juego.

Algo que todos los reyes del corto plazo tienen en común es la necesidad de establecer límites claros. Antes de realizar cualquier inversión, decide cuánto estás dispuesto a ganar y cuánto estás dispuesto a perder. Esto te ayudará a evitar decisiones impulsivas en el calor del momento. Por ejemplo, podrías establecer una regla de salir de una operación si has ganado un 5 por ciento o perdido un 2 por ciento. Estos límites te protegen de riesgos innecesarios y te ayudan a mantener la cabeza fría.

Es importante destacar que, aunque el corto plazo puede ser muy rentable, no es para todos. Requiere tiempo, atención y la capacidad de tomar decisiones rápidas bajo presión. Si eres alguien que prefiere un enfoque más relajado, estas estrategias pueden no ser las adecuadas para ti. Pero si disfrutas del dinamismo y estás dispuesto a aprender, los reyes del corto plazo pueden convertirse en tus aliados más valiosos.

Finalmente, recuerda que cada uno de estos métodos tiene sus propias reglas y peculiaridades. No intentes dominarlos todos a la vez. Comienza con uno que se adapte a tus intereses y habilidades, y trabaja en perfeccionarlo. Con el tiempo, puedes expandir tus horizontes y explorar otras estrategias, pero la clave está en avanzar con paciencia y preparación. En el reino del corto plazo, la información es poder, la rapidez es esencial y la disciplina es la corona que te llevará al éxito.

Revender Productos de Moda

El negocio de la reventa de productos de moda es una de las formas más rápidas y efectivas de generar ingresos. En este mundo, las tendencias cambian a una velocidad vertiginosa, y siempre hay consumidores buscando la última prenda, el par de zapatillas más codiciado o ese accesorio que marca la diferencia en un atuendo. Aprovechar esta dinámica te puede convertir en un intermediario clave entre la oferta y la demanda, generando ganancias rápidas si sabes jugar bien tus cartas. Lo mejor de esta estrategia es que no necesitas inventar un producto, solo identificar lo que está en auge, comprarlo a buen precio y venderlo con un margen de ganancia.

Todo comienza con identificar un nicho o una tendencia en la moda que esté ganando popularidad. Tal vez sean zapatillas de edición limitada, bolsos de diseñador, ropa vintage o incluso colecciones cápsula de marcas conocidas. Para detectar estas oportunidades, debes estar atento a lo que está pasando en el mercado. Sigue a marcas y diseñadores en redes sociales, consulta foros de moda, y presta atención a las publicaciones de influencers, quienes a menudo son los primeros en marcar una tendencia. Un buen indicador es cuando ves que un artículo se agota rápidamente en las tiendas o que hay listas de espera para comprarlo.

Una vez que identificas un producto con potencial, el siguiente paso es conseguirlo a un precio competitivo. Aquí es donde necesitas ser estratégico. Algunas personas logran comprar directamente en tiendas físicas o en línea cuando las colecciones recién salen al mercado. Sin embargo, en muchos casos, los productos más demandados se agotan en minutos, lo que requiere rapidez y planificación. Configurar alertas en sitios web, participar en sorteos o incluso hacer fila para lanzamientos exclusivos puede ser necesario. También puedes buscar en mercados secundarios, como plataformas de reventa, pero asegúrate de que el precio de compra aún te deje un margen de ganancia.

Si decides enfocarte en productos de alta demanda, como zapatillas de edición limitada, es probable que te enfrentes a una competencia feroz. Aquí es donde la persistencia y las herramientas adecuadas marcan la diferencia. Algunos revendedores utilizan bots para automatizar el proceso de compra en línea, asegurándose de obtener los productos antes de que se agoten. Aunque esto puede ser controversial y, en algunos casos, costoso, es una estrategia que muchos utilizan para mantenerse en el juego. Sin embargo, si prefieres un enfoque más tradicional, también puedes buscar oportunidades en outlets, ventas de liquidación o incluso en tiendas de segunda mano donde a veces se encuentran joyas ocultas a precios muy bajos.

El siguiente paso es el más emocionante: vender. Aquí es donde entra tu habilidad para captar la atención del comprador adecuado y presentar el producto de la mejor manera posible. Plataformas como eBay, Depop, StockX, Grailed o incluso redes sociales como Instagram son excelentes opciones para llegar a tu audiencia. La clave está en crear publicaciones atractivas que resalten las características del producto. Toma fotos claras y de alta calidad, describe el artículo con detalle y asegúrate de incluir información sobre su autenticidad, estado y cualquier característica especial que lo haga valioso.

Un aspecto fundamental en la reventa de moda es establecer el precio correcto. Investiga cuánto están dispuestos a pagar los consumidores por ese producto en particular. Si se trata de un artículo de edición limitada, es probable que puedas venderlo por un precio mucho más alto que el original, especialmente si ya no está disponible en tiendas. Sin embargo, no exageres demasiado con el precio, ya que esto podría ahuyentar a los compradores. Encuentra un equilibrio entre maximizar tus ganancias y mantener un precio competitivo en el mercado.

La autenticidad es otro punto crítico en este negocio. Los compradores que invierten en productos de moda, especialmente en artículos de lujo o edición limitada, quieren estar seguros de que están obteniendo algo genuino. Si estás revendiendo artículos de marcas reconocidas, asegúrate de verificar su autenticidad antes de comprarlos. Esto puede implicar revisar etiquetas, empaques, certificados o cualquier característica que pruebe que el artículo es original. Si es posible, guarda los recibos de compra para dárselos al comprador como prueba.

Además de la autenticidad, el servicio al cliente juega un papel importante en tu éxito. Responde rápidamente a las preguntas de los compradores, sé honesto acerca del estado del producto y asegúrate de enviar los artículos de manera segura y rápida. Estas pequeñas acciones no solo generan confianza, sino que también pueden llevar a recomendaciones y ventas futuras. Recuerda que, en este negocio, tu reputación es tu activo más valioso.

Algo que no debes pasar por alto es la posibilidad de aprovechar eventos y temporadas específicas para aumentar tus ventas. Durante fechas como el Black Friday, Navidad o el regreso a clases, la demanda de productos de moda tiende a dispararse. Asegúrate de tener inventario listo para estas temporadas y considera ofrecer descuentos o promociones especiales para atraer a más compradores.

Por último, aunque este negocio puede ser extremadamente rentable, también requiere dedicación y una buena gestión financiera. Lleva un registro detallado de tus ingresos y gastos para asegurarte de que realmente estás generando ganancias. No te dejes llevar por la emoción de las ventas rápidas y evita reinvertir todo tu dinero en inventario sin analizar cuidadosamente el mercado. Como en cualquier inversión, el equilibrio entre riesgo y recompensa es clave.

La reventa de productos de moda no es solo una forma de ganar dinero rápido, sino también una oportunidad para explorar tu lado creativo y empresarial. Con un ojo atento para las tendencias, un poco de esfuerzo y una estrategia bien definida, puedes convertirte en un jugador importante en este mercado. La moda siempre estará en movimiento, y mientras haya personas buscando el próximo artículo imprescindible, habrá espacio para aquellos que saben cómo conectar la oferta con la demanda.

Flipping Inmobiliario Express

El flipping inmobiliario express es una de las estrategias más efectivas y rápidas para generar ingresos significativos en el mercado de bienes raíces. Consiste en comprar una propiedad, mejorarla rápidamente y luego revenderla a un precio más alto. Aunque puede parecer un proceso complejo, con el enfoque adecuado, es una manera emocionante y rentable de entrar al mundo inmobiliario. Lo interesante de esta estrategia es que no necesitas esperar años para ver resultados. Con la planificación correcta, podrías completar un proyecto en cuestión de meses, incluso semanas en algunos casos, y obtener ganancias sustanciales.

El primer paso en el flipping inmobiliario es encontrar la propiedad adecuada. Este punto es clave porque la elección correcta puede ser la diferencia entre un éxito rotundo y un proyecto que apenas cubra sus costos. En general, las propiedades más atractivas para esta estrategia son aquellas que necesitan algunas renovaciones pero que están ubicadas en áreas con alta demanda. Piensa en casas que, con un poco de cariño, pueden transformarse en el hogar soñado de un comprador. Busca propiedades que estén por debajo del precio de mercado, ya sea porque necesitan reparaciones o porque los propietarios quieren vender rápido.

Para identificar estas oportunidades, es fundamental estudiar el mercado local. Examina las áreas en crecimiento, los vecindarios que están siendo revitalizados o las zonas cercanas a desarrollos importantes, como centros comerciales, escuelas o estaciones de transporte público. Habla con agentes inmobiliarios, consulta sitios web especializados y mantente atento a las subastas o propiedades en ejecución hipotecaria. Estas últimas suelen ser excelentes opciones porque, aunque pueden requerir un poco más de trabajo, suelen estar disponibles a precios significativamente más bajos.

Una vez que encuentres una propiedad con potencial, el siguiente paso es evaluarla cuidadosamente. Aquí es donde entran en juego la inspección y los números. Contrata a un inspector de confianza para que revise la propiedad y te informe sobre cualquier problema estructural, eléctrico o de plomería que pueda representar un gasto adicional. Además, calcula cuánto te costará hacer las renovaciones necesarias. Esto incluye materiales, mano de obra, permisos y cualquier otro gasto relacionado. Tu objetivo es asegurarte de que, después de invertir en las mejoras, puedas vender la propiedad con una ganancia significativa.

Cuando se trata de las renovaciones, menos es más. El flipping express se basa en hacer cambios estratégicos y rápidos que aumenten el valor percibido de la propiedad sin gastar una fortuna. Concéntrate en las áreas que más llaman la atención de los compradores, como la cocina, los baños y la fachada. Una nueva capa de pintura, un piso renovado o electrodomésticos modernos pueden marcar una gran diferencia sin necesidad de realizar una remodelación completa. Piensa en darle un aspecto limpio, moderno y atractivo, pero evita gastar de más en detalles que no aumentarán significativamente el valor de reventa.

El tiempo es un factor crucial en el flipping inmobiliario express. Cuanto más tiempo mantengas la propiedad, más dinero gastarás en costos como impuestos, servicios públicos y pagos de hipoteca, si los hubiera. Por eso, es importante tener un plan claro desde el principio y trabajar con contratistas que sean eficientes y confiables. Define un cronograma detallado para las renovaciones y asegúrate de cumplirlo. Cada día extra que la propiedad esté en tus manos puede afectar tus ganancias finales.

Una vez que la propiedad esté lista, es hora de venderla. Aquí es donde necesitas destacar en un mercado competitivo. Contrata a un fotógrafo profesional para tomar imágenes atractivas de la propiedad y crea un anuncio que resalte sus puntos fuertes, como su ubicación, las mejoras realizadas y cualquier característica especial que la haga única. Si es posible, organiza jornadas de puertas abiertas para atraer a más compradores y generar interés. Una buena estrategia de marketing puede marcar la diferencia entre vender rápidamente y quedarte con la propiedad más tiempo del planeado.

A pesar de que el flipping inmobiliario express puede ser extremadamente lucrativo, también tiene sus riesgos. Por ejemplo, el mercado inmobiliario puede ser volátil, y los precios no siempre se comportan como esperas. Además, las renovaciones pueden costar más de lo planeado o tomar más tiempo del previsto. Por eso, siempre es importante tener un colchón financiero para cubrir imprevistos y evitar endeudarte más de lo necesario. Antes de comprar una propiedad, asegúrate de que los números funcionen incluso si algo sale mal. Esto te dará tranquilidad y te protegerá de pérdidas inesperadas.

Una buena forma de minimizar los riesgos es construir un equipo confiable. Esto incluye un agente inmobiliario con experiencia en el mercado local, contratistas de confianza, un inspector profesional y, si es posible, un mentor o asesor que haya tenido éxito en el flipping. Trabajar con las personas correctas no solo hará que el proceso sea más eficiente, sino que también te ayudará a evitar errores costosos.

Finalmente, el flipping inmobiliario express no solo se trata de generar ingresos, sino también de aprender a identificar oportunidades y desarrollar habilidades que puedes usar en el futuro. Cada proyecto te enseñará algo nuevo, desde cómo negociar mejores precios hasta cómo manejar contratistas o cómo entender mejor las tendencias del mercado. Si te tomas el tiempo para analizar tus éxitos y errores después de cada proyecto, estarás mejor preparado para tu próxima inversión.

En este negocio, la clave es moverse rápido pero con inteligencia. Los mejores resultados vienen de un equilibrio entre actuar con decisión y planificar cada detalle. Si te comprometes a hacer bien las cosas, el flipping inmobiliario express puede ser no solo una fuente de ingresos rápidos, sino también una puerta de entrada a un mundo lleno de posibilidades. Las propiedades están ahí, esperando a alguien que vea su potencial. Si eres ese alguien, podrías estar a solo una transacción de tu próximo éxito.

Autos Usados

Alcanzar la riqueza es un logro impresionante, pero saber qué hacer con ella es un desafío aún mayor. Cuando has llegado al punto en el que el dinero ya no es una preocupación, la pregunta inevitable es qué sigue. Para muchos millonarios y multimillonarios, la respuesta está en convertirse en filántropos inversores, personas que no solo donan su fortuna, sino que la utilizan estratégicamente para generar un impacto duradero en la sociedad. Este tipo de filantropía no es simplemente caridad, es una forma de inversión inteligente donde el retorno no se mide solo en dinero, sino en cambios reales y sostenibles en el mundo.

La diferencia clave entre una donación tradicional y una inversión filantrópica es la mentalidad con la que se ejecuta. Mientras que una donación se limita a entregar dinero a una causa, la inversión filantrópica busca soluciones a largo plazo. No se trata de regalar un pescado, sino de enseñar a pescar y, mejor aún, de construir una industria pesquera autosustentable. Es aplicar la misma mentalidad estratégica y analítica que se usa en los negocios, pero con un propósito de transformación social. Aquí no se trata de tirar dinero esperando que haga algo bueno por sí solo, sino de usarlo como una herramienta para resolver problemas de raíz.

Un ejemplo claro de este enfoque es la inversión en empresas con impacto social. No basta con donar a una organización sin fines de lucro, es más poderoso financiar startups y compañías que aborden problemas sociales con modelos de negocio sostenibles. Empresas dedicadas a la educación accesible, energía renovable, acceso a agua potable y soluciones médicas innovadoras no solo generan beneficios económicos, sino que también mejoran la calidad de vida de millones de personas. Un filántropo inversor no solo aporta capital, sino que también ofrece su experiencia, su red de contactos y su visión estratégica para potenciar estos proyectos.

Otro camino inteligente es la creación de fondos de inversión de impacto. Estos fondos están diseñados para invertir en sectores que tradicionalmente no han sido atendidos por el capital privado, pero que tienen un alto potencial de generar cambios positivos. Por ejemplo, en lugar de simplemente donar dinero a una organización que lucha contra la pobreza, puedes invertir en un fondo que financie pequeños emprendimientos en comunidades desfavorecidas, dándoles la oportunidad de crecer y volverse autosustentables. Este enfoque no solo ayuda a quienes lo necesitan, sino que también genera retornos económicos, lo que permite que el capital se reinvierta una y otra vez.

Los bienes raíces también pueden ser una herramienta poderosa para el filántropo inversor. En lugar de comprar propiedades de lujo solo como inversión personal, puedes destinar parte de tu portafolio a desarrollos inmobiliarios con impacto social. Proyectos de vivienda accesible, infraestructura sostenible o espacios comerciales para emprendedores pueden cambiar el panorama de comunidades enteras. Y lo mejor de todo es que estas inversiones pueden generar rentabilidad al mismo tiempo que cumplen un propósito más grande.

La educación es otro sector donde la filantropía inversora puede hacer una diferencia gigantesca. En lugar de solo financiar becas, puedes crear fondos de inversión que apoyen escuelas innovadoras, plataformas de aprendizaje en línea o programas de capacitación en habilidades tecnológicas. El conocimiento es una de las herramientas más poderosas para reducir la desigualdad, y las inversiones bien dirigidas en este sector pueden multiplicar las oportunidades para generaciones enteras.

La salud es otro pilar fundamental en la inversión filantrópica. Financiar investigaciones médicas, apoyar startups de biotecnología o desarrollar hospitales autosustentables son formas en las que un millonario puede transformar vidas con su dinero. No se trata solo de donar a grandes organizaciones, sino de buscar proyectos con alto impacto y escalabilidad. Un medicamento asequible, una tecnología médica innovadora o un sistema de atención eficiente pueden salvar millones de vidas y, al mismo tiempo, generar un modelo de negocio sostenible.

Por supuesto, la filantropía inversora no solo se trata de dinero, sino de involucrarse activamente en las causas que realmente te importan. Muchas de las personas más ricas del mundo dedican tiempo y esfuerzo en construir proyectos que van más allá del capital. Bill Gates, por ejemplo, no solo dona miles de millones de dólares, sino que trabaja directamente en la estrategia de su fundación para garantizar que los recursos sean utilizados de la manera más efectiva posible. La clave está en aplicar los mismos principios que te llevaron a construir riqueza, pero con una misión orientada al bienestar global.

Un punto clave en este camino es asegurarse de que los proyectos en los que inviertes sean autosuficientes a largo plazo. Un error común en la filantropía tradicional es depender exclusivamente de donaciones constantes, lo que hace que muchas iniciativas fracasen cuando el flujo de dinero se detiene. La inversión filantrópica, en cambio, busca modelos que puedan sostenerse y escalar sin depender eternamente del capital externo. Es como sembrar un árbol en lugar de repartir frutas, asegurándote de que siga creciendo y dando frutos en el futuro.

En este proceso, es fundamental medir el impacto de tus inversiones. Así como en los negocios revisas el retorno de inversión, en la filantropía inversora necesitas herramientas para evaluar qué tan efectiva ha sido tu contribución. No basta con sentirse bien por haber ayudado, hay que asegurarse de que realmente se está logrando un cambio significativo. Existen métricas específicas para esto, como el número de personas beneficiadas, la mejora en calidad de vida, el impacto ambiental o el crecimiento económico en comunidades vulnerables.

Finalmente, ser un filántropo inversor no significa dejar de generar riqueza. De hecho, puede ser un gran incentivo para seguir invirtiendo y expandiendo tus negocios. Cuando descubres que tu dinero no solo te beneficia a ti, sino que tiene el poder de cambiar el mundo, la motivación para seguir creciendo se multiplica. Tu fortuna deja de ser solo un reflejo de tu éxito personal y se convierte en una herramienta para dejar un legado que trascienda más allá de tu propia vida.

Transformarte de millonario a filántropo inversor no es solo una opción, es la evolución natural de alguien que ha comprendido que el verdadero éxito no se mide en números, sino en el impacto positivo que dejas en los demás. Si has construido una gran riqueza, la pregunta ya no es cuánto tienes, sino qué vas a hacer con ello.

Aprovecha la Reventa Legal

La reventa legal es una de las formas más accesibles y rápidas de generar ingresos, y lo mejor de todo es que puedes empezar con una inversión relativamente baja. Este modelo de negocio consiste en comprar productos a precios reducidos, ya sea por ofertas, liquidaciones, subastas o distribuidores mayoristas, y luego revenderlos a un precio más alto en los canales adecuados. Lo que hace que este tipo de negocio sea atractivo es su flexibilidad, ya que puedes adaptarlo a tus intereses y habilidades, y su rapidez, porque las ganancias pueden generarse en cuestión de días o semanas si lo haces correctamente.

El primer paso para entrar en el mundo de la reventa legal es identificar los productos adecuados. Aquí es donde necesitas prestar atención a las tendencias del mercado y a lo que las personas están comprando. No importa si se trata de ropa, electrónicos, juguetes, artículos para el hogar o incluso herramientas, siempre hay nichos en los que puedes encontrar oportunidades. Por ejemplo, durante las temporadas de regreso a clases, los útiles escolares y las mochilas son productos que se venden como pan caliente. En cambio, en épocas navideñas, los juguetes y los adornos de temporada pueden ser un éxito rotundo. La clave está en mantenerte informado sobre las demandas actuales y anticiparte a lo que la gente necesitará en cada momento.

Una vez que tengas claro qué productos quieres vender, es hora de buscar dónde comprarlos al mejor precio. Las tiendas de liquidación, los sitios web de subastas, las ventas mayoristas y los mercados en línea son excelentes opciones para encontrar artículos con un margen de ganancia interesante. Muchas tiendas físicas y en línea realizan descuentos masivos en ciertos periodos del año, como el Black Friday, el Cyber Monday o las ventas de fin de temporada. Aprovechar estos momentos para comprar productos a precios bajos puede ser una gran estrategia para aumentar tus márgenes de ganancia.

Si decides comprar en sitios web de subastas o ventas mayoristas, es importante leer todos los detalles sobre los productos que estás adquiriendo. Asegúrate de entender si los artículos son nuevos, de segunda mano o si tienen algún defecto. Esto es esencial para que puedas calcular cuánto podrás venderlos después y si vale la pena invertir en ellos. También considera los costos adicionales, como el envío, para asegurarte de que el precio final sigue siendo competitivo. No querrás gastar más en transporte o tarifas de lo que puedas recuperar al vender el producto.

Otro aspecto importante en este negocio es la plataforma de reventa que elijas. Hay muchas opciones, y cada una tiene sus ventajas y desventajas. Si quieres vender en línea, plataformas como Amazon, eBay, Mercado Libre o Etsy pueden ser excelentes para llegar a un público amplio. Estas plataformas tienen la ventaja de atraer millones de compradores potenciales, pero también cobran comisiones, así que asegúrate de incluir estos costos en tus cálculos. Si prefieres una opción más directa, las redes sociales como Facebook Marketplace o grupos de compra y venta en WhatsApp pueden ser herramientas poderosas para conectarte con compradores locales, lo que también te ahorrará costos de envío.

La presentación de tus productos es clave para destacar en un mercado competitivo. Asegúrate de tomar fotografías claras y atractivas que muestren el artículo desde diferentes ángulos. Si es posible, utiliza iluminación natural y fondos simples para que el producto sea el protagonista. Además, describe los artículos de manera honesta y detallada. Incluye información como el estado del producto, sus dimensiones, características especiales y cualquier detalle que pueda ser relevante para el comprador. Esto no solo hará que tu anuncio sea más profesional, sino que también generará confianza en los compradores.

El precio es otro factor crucial en el éxito de la reventa legal. Debes encontrar un equilibrio entre ofrecer un precio competitivo y asegurarte de obtener una ganancia razonable. Para hacerlo, investiga cuánto cuestan productos similares en el mercado y ajusta tus precios en consecuencia. Si ofreces un precio ligeramente más bajo que el promedio, atraerás más compradores, pero ten cuidado de no bajar tanto que termines perdiendo dinero. Si el producto es único o tiene características especiales, puedes justificar un precio más alto, pero asegúrate de comunicar claramente el valor adicional que estás ofreciendo.

El servicio al cliente es un aspecto que no debes subestimar en este negocio. Incluso si estás vendiendo en pequeñas cantidades, la experiencia que brindes a tus compradores puede marcar la diferencia entre una venta única y un cliente que regresa una y otra vez. Responde a las preguntas de los interesados de manera rápida y amable, sé claro sobre los términos de la venta y asegúrate de entregar los productos en el tiempo prometido. Una buena reputación puede ser tu mejor aliado para crecer en este negocio, ya que los compradores satisfechos suelen recomendar a otros o dejar buenas reseñas.

Aunque la reventa legal es un negocio relativamente sencillo, también tiene algunos desafíos que debes tener en cuenta. Por ejemplo, no todos los productos se venden al ritmo que esperas, y podrías quedarte con inventario por más tiempo del planeado. Para minimizar este riesgo, trata de diversificar los productos que compras y evita invertir todo tu capital en un solo tipo de artículo. También es importante monitorear tus ventas y ajustar tus estrategias según los resultados. Si un producto no se está vendiendo bien, considera reducir su precio o buscar un canal de venta diferente.

Finalmente, la reventa legal es un negocio que recompensa la organización y la planificación. Lleva un registro detallado de tus ingresos y gastos, calcula tus márgenes de ganancia con precisión y establece metas claras para tus ventas. No se trata solo de ganar dinero rápido, sino de construir un sistema que puedas escalar y mejorar con el tiempo. Con paciencia, aprendizaje constante y la disposición para adaptarte a las necesidades del mercado, la reventa legal puede convertirse en una fuente constante de ingresos y en un negocio sostenible que te permita alcanzar tus metas financieras.

Negocios Relámpago

Los negocios relámpago son oportunidades que aparecen, brillan y desaparecen en un abrir y cerrar de ojos, dejando una ventana muy pequeña para actuar. Estos negocios, como su nombre lo indica, se caracterizan por ser rápidos, de corta duración y por ofrecer una posibilidad de ganancia inmediata si sabes cómo aprovecharlos. Son ideales para personas que tienen un buen instinto para detectar oportunidades y que no temen tomar decisiones rápidas, pero siempre calculadas. En este tipo de negocio, la velocidad no solo es una ventaja, es un requisito indispensable.

La base de un negocio relámpago es la oportunidad. Las oportunidades no avisan, no llegan con un cartel que diga "tómame o déjame". Simplemente suceden, y la diferencia entre ganar dinero o perder la chance radica en tu capacidad para detectarlas y actuar con rapidez. Estos negocios pueden aparecer de diversas formas: una venta masiva por liquidación, un evento temporal que atrae a multitudes, una tendencia repentina que se vuelve viral o incluso un error de mercado que puedes aprovechar. Lo más importante es estar siempre atento, mantener los ojos abiertos y la mente lista para evaluar si lo que tienes delante vale la pena.

Uno de los ejemplos más comunes de negocios relámpago es la venta de productos relacionados con eventos o tendencias. Piensa en un concierto de un artista famoso que está por agotarse, camisetas de un equipo deportivo que acaba de ganar un campeonato, o incluso productos relacionados con una película que está rompiendo récords en taquilla. La demanda por estos artículos es alta, pero también tiene un límite de tiempo. Si entras rápido y compras al por mayor para luego revender, puedes obtener una ganancia importante. Sin embargo, si te tardas demasiado, puedes quedarte con productos que ya nadie quiere.

Otro ejemplo de negocio relámpago son las ventas por temporadas. Durante ciertas épocas del año, algunos productos tienen una alta demanda que desaparece rápidamente. Por ejemplo, los disfraces de Halloween, las decoraciones navideñas o los regalos del Día de San Valentín. Si logras adquirir estos artículos con anticipación, a precios bajos, puedes venderlos cuando la demanda esté en su punto más alto y obtener un margen de ganancia considerable. Pero aquí es fundamental planificar con cuidado, porque el tiempo para vender es corto y, una vez que pasa la temporada, esos productos pierden su valor de inmediato.

También existen oportunidades relámpago en el mundo digital. Por ejemplo, el mercado de dominios web. Algunas personas están constantemente en busca de nombres de dominio que sean llamativos o que puedan tener un gran valor para marcas o empresas. Si detectas un dominio que podría ser atractivo, puedes comprarlo por un precio bajo y revenderlo más adelante a un comprador interesado. Este tipo de negocio no requiere un gran capital inicial, pero sí una buena capacidad para anticiparte a las necesidades del mercado.

La clave para tener éxito en los negocios relámpago no es solo la rapidez, sino también la preparación. No puedes lanzarte a la primera oportunidad sin haber hecho un análisis básico. Necesitas evaluar si la inversión que vas a hacer tiene un buen potencial de retorno y si el riesgo es aceptable. Es como un juego de ajedrez, donde cada movimiento debe estar cuidadosamente calculado, pero al mismo tiempo ejecutado con rapidez. Antes de invertir, pregúntate: ¿es este un producto o servicio que realmente tiene demanda? ¿Puedo venderlo rápido? ¿Cuál es mi margen de ganancia? Si las respuestas son claras y positivas, es hora de actuar.

Otro aspecto importante de los negocios relámpago es la logística. Dado que todo sucede rápido, necesitas tener un sistema eficiente para manejar la compra, el almacenamiento y la venta de productos. No puedes permitirte perder tiempo por falta de organización. Por ejemplo, si compras productos para revender en un evento, asegúrate de tener una estrategia clara para transportarlos, exhibirlos y venderlos en el menor tiempo posible. Si vas a vender en línea, asegúrate de contar con una plataforma lista para publicar tus productos de inmediato y un sistema de envío eficiente para cumplir con los pedidos rápidamente.

Además, en este tipo de negocios es fundamental contar con un capital disponible para actuar sin demora. Las oportunidades no esperan a que tengas el dinero listo o a que pidas un préstamo. Por eso, siempre es buena idea mantener un fondo de inversión reservado específicamente para este tipo de negocios. No tiene que ser una cantidad exorbitante, pero sí suficiente para aprovechar las oportunidades que se presenten sin tener que detenerte a buscar financiamiento.

Sin embargo, no todo es velocidad. También necesitas disciplina para saber cuándo no entrar en un negocio relámpago. No todas las oportunidades son reales, y muchas veces el entusiasmo por actuar rápido puede llevarte a tomar decisiones impulsivas que terminan siendo costosas. Por ejemplo, puede que encuentres una oferta increíble en productos que parecen fáciles de vender, pero si no investigas bien, podrías descubrir que hay poco interés por esos artículos o que el mercado ya está saturado. Aprender a decir no es tan importante como saber cuándo decir sí.

Por último, los negocios relámpago requieren una mentalidad flexible y la capacidad de aprender de cada experiencia. Habrá ocasiones en las que una oportunidad no salga como esperabas, pero eso no significa que hayas fracasado. Cada negocio es una lección, y mientras más practiques, mejor serás para identificar oportunidades reales, calcular riesgos y actuar con precisión. La combinación de rapidez, análisis y experiencia te convertirá en alguien capaz de capitalizar cualquier oportunidad que se cruce en tu camino.

Los negocios relámpago son emocionantes, desafiantes y, sobre todo, gratificantes si los manejas bien. Son la prueba de que, en el mundo de las inversiones, no siempre necesitas meses o años para ver resultados. A veces, todo se reduce a días, horas o incluso minutos. Lo importante es estar preparado, actuar con decisión y aprender a adaptarte al ritmo vertiginoso de este tipo de negocios. Cuando lo haces bien, el éxito puede llegar tan rápido como un relámpago, dejando una ganancia que justifica todo el esfuerzo.

Capitalizando en Necesidades de Urgencia

El mundo está lleno de situaciones imprevistas que crean necesidades urgentes, y donde hay urgencia, también hay una oportunidad para quienes saben observar y actuar de manera estratégica. Capitalizar en necesidades de urgencia no significa aprovecharse de las personas en sus momentos más vulnerables, sino identificar aquellas situaciones en las que puedas ofrecer soluciones rápidas, útiles y legítimas que generen valor tanto para ti como para el cliente. Este enfoque puede ser altamente rentable si se hace con ética y profesionalismo.

Piensa en todas las veces que algo inesperado ha ocurrido en tu vida y cómo eso te ha llevado a buscar soluciones de manera inmediata. Puede ser un electrodoméstico que se descompone de repente, una llave extraviada que requiere el servicio de un cerrajero, o incluso una emergencia de último minuto que demanda un regalo para un evento importante. Estas situaciones son más comunes de lo que crees y, si tienes el producto o servicio adecuado en el momento preciso, puedes convertirte en la respuesta que las personas están buscando desesperadamente.

Un ejemplo claro de este modelo es el negocio de servicios de reparación urgente. Imagina que a alguien se le daña el aire acondicionado en pleno verano, justo durante una ola de calor. Esa persona no va a esperar semanas para solucionar el problema, quiere una respuesta inmediata. Si tienes un negocio o contactas con técnicos capacitados para atender este tipo de reparaciones en cuestión de horas, puedes posicionarte como la mejor opción en el mercado y cobrar un precio justo por tu disponibilidad inmediata.

Otro ejemplo muy popular es el negocio de los servicios de entrega de emergencia. En un mundo donde todo se mueve rápidamente, la entrega rápida de productos se ha convertido en una necesidad. Ya sea comida, medicamentos, documentos importantes o incluso repuestos para maquinaria, las personas están dispuestas a pagar un poco más si saben que pueden obtener lo que necesitan en el menor tiempo posible. Empresas de entrega exprés han sabido capitalizar esto, pero no necesitas ser una gran compañía para aprovechar esta oportunidad. Puedes empezar a nivel local, especializándote en entregas rápidas en tu área y ganándote la confianza de los clientes por tu puntualidad y eficiencia.

Las necesidades de urgencia también abren puertas en el mundo de los productos físicos. Por ejemplo, durante un evento climático extremo, como una tormenta o una nevada, hay una alta demanda de artículos como linternas, generadores, cobijas térmicas y baterías. Si estás atento a las condiciones climáticas y tienes un inventario listo, puedes vender estos productos justo cuando la gente más los necesita. La clave está en anticiparte y estar preparado para actuar antes de que la situación alcance su punto máximo de urgencia.

Otro caso frecuente es el de los eventos sociales. A veces, las personas olvidan comprar algo importante para una fiesta o reunión, como decoraciones, utensilios desechables o incluso ropa formal. Si tienes una tienda o negocio que ofrezca estos artículos y que esté disponible para atender pedidos de última hora, puedes convertirte en un recurso indispensable. Lo mismo aplica para servicios como fotografía, alquiler de mobiliario o catering. Muchas veces, las personas necesitan cubrir un vacío en su evento rápidamente, y ahí es donde tú puedes entrar con una solución.

La clave para capitalizar en necesidades de urgencia está en estar preparado. No puedes esperar a que la oportunidad toque a tu puerta sin tener las herramientas o los productos adecuados. Esto implica un trabajo previo de planificación, investigación y organización. Por ejemplo, si decides especializarte en servicios de reparación, asegúrate de contar con los materiales y el equipo necesarios para atender emergencias. Si vas a vender productos de emergencia, organiza tu inventario para que siempre esté actualizado y listo para usarse.

La comunicación también juega un papel crucial. Las personas que enfrentan una necesidad urgente no tienen tiempo para buscar demasiado. Debes asegurarte de que tu negocio sea visible y fácil de encontrar. Esto puede incluir publicidad en redes sociales, registrar tu negocio en plataformas de búsqueda local o incluso tener un sitio web que detalle tus servicios y cómo contactarte rápidamente. Mientras más accesible seas, más fácil será para los clientes elegirte cuando necesiten una solución rápida.

Sin embargo, también es importante establecer límites. Atender necesidades de urgencia puede ser un negocio muy demandante, especialmente porque las personas suelen buscar respuestas inmediatas y podrían esperar disponibilidad las 24 horas. Esto no significa que debas estar siempre disponible, pero sí que tengas una estrategia clara para manejar estas situaciones. Por ejemplo, podrías definir horarios específicos de atención rápida o incluso cobrar un recargo razonable por el servicio fuera de horario regular.

Otro punto importante es el manejo ético de este tipo de negocios. Aunque las personas estén en una situación urgente, nunca debes aprovecharte de su desesperación para imponer precios excesivos o engañarlos. La confianza es un activo valioso, y si ofreces soluciones honestas y de calidad, tus clientes te recomendarán y recurrirán a ti en el futuro. Piensa a largo plazo y construye una reputación sólida que te permita no solo capitalizar en necesidades de urgencia, sino también ganar clientes leales.

Por último, es importante entender que este tipo de negocio no se trata únicamente de rapidez, sino de aportar valor real. Las personas recordarán cómo las ayudaste en un momento de apuro, y eso puede marcar la diferencia entre ser una opción más en el mercado o ser su primera elección cada vez que necesiten algo. Si logras posicionarte como alguien confiable, rápido y eficiente, las oportunidades continuarán llegando y tendrás la capacidad de convertir cada necesidad urgente en una historia de éxito para ti y para tus clientes.

¿Qué Hacer si Pierdes?

Perder es una parte inevitable del juego cuando decides invertir o emprender. Nadie quiere experimentar una pérdida, pero lo cierto es que incluso los inversionistas más experimentados y exitosos del mundo han tenido fracasos. La clave no está en evitar la pérdida a toda costa, porque eso es imposible, sino en saber qué hacer cuando sucede. Perder no es el final del camino, es solo una lección que, si sabes manejarla, puede transformarse en una oportunidad para mejorar y avanzar.

Lo primero que debes hacer cuando enfrentas una pérdida es aceptar lo que ocurrió. Puede parecer obvio, pero muchas personas caen en el error de negarlo o buscar excusas. Es fácil culpar a las circunstancias, al mercado o incluso a otras personas, pero nada de eso cambiará el resultado. Aceptar significa reconocer que algo salió mal y asumir la responsabilidad de tus decisiones. Este es el paso más difícil, pero también el más importante, porque te permite dejar de centrarte en el problema y empezar a buscar soluciones.

Una vez que aceptes lo ocurrido, el siguiente paso es analizar. Aquí es donde debes adoptar una mentalidad curiosa y objetiva. Pregúntate: ¿qué salió mal? ¿Fue un error de cálculo? ¿Subestimaste el riesgo? ¿Tomaste una decisión apresurada sin la información suficiente? Es fundamental que profundices en los detalles, porque cada pérdida tiene algo que enseñarte. Si no te tomas el tiempo para entender por qué ocurrió, corres el riesgo de repetir el mismo error en el futuro.

Parte del análisis incluye evaluar si la pérdida era evitable o no. Hay situaciones que están completamente fuera de tu control, como un cambio inesperado en el mercado o un evento global que afecta la economía. Pero también hay muchas pérdidas que son el resultado de decisiones que podrías haber manejado de manera diferente. Tal vez no investigaste lo suficiente, no diversificaste tus inversiones o ignoraste señales de advertencia. En cualquier caso, el análisis honesto es una herramienta poderosa para crecer y aprender.

Después de analizar, es momento de reajustar tu estrategia. Una pérdida, por dolorosa que sea, no define quién eres ni lo que puedes lograr. Es simplemente una señal de que necesitas ajustar el rumbo. Esto puede significar cambiar tu enfoque, investigar más antes de invertir, o incluso modificar tus objetivos financieros. Por ejemplo, si invertiste en algo que parecía prometedor pero no investigaste lo suficiente, tu nuevo plan puede incluir dedicar más tiempo a evaluar oportunidades antes de comprometer dinero. Si te precipitas menos y planificas más, estarás mejor preparado para futuras decisiones.

También es importante que no dejes que una pérdida afecte tu confianza de manera permanente. Es normal sentir frustración, enojo o incluso miedo de volver a intentarlo, pero no puedes permitir que esas emociones te paralicen. Recuerda que cada fracaso es una experiencia que te acerca más al éxito, siempre y cuando aprendas de él. No se trata de olvidar lo que pasó, sino de usarlo como un punto de partida para construir algo mejor. Muchos de los inversionistas más exitosos tuvieron pérdidas significativas antes de alcanzar sus metas. Lo que los diferencia es que no dejaron que esas experiencias los detuvieran.

Un consejo valioso para enfrentar las pérdidas es tener un plan de contingencia. Antes de invertir o emprender, pregúntate: ¿qué haré si esto no funciona? Al tener una estrategia clara para manejar posibles pérdidas, estarás mejor preparado emocional y financieramente. Esto puede incluir establecer límites claros sobre cuánto estás dispuesto a perder, diversificar tus inversiones para reducir riesgos o reservar un fondo de emergencia que te permita recuperarte rápidamente si las cosas no salen como esperabas.

Además, no temas buscar ayuda o apoyo cuando enfrentes una pérdida. Hablar con otras personas que hayan pasado por experiencias similares puede darte una perspectiva diferente y valiosa. A veces, alguien que ha estado en tu lugar puede ofrecerte consejos prácticos o ayudarte a ver la situación desde otro ángulo. También es útil consultar con expertos, como asesores financieros o mentores, que puedan guiarte y ayudarte a evitar errores en el futuro.

Otra herramienta poderosa para manejar las pérdidas es enfocarte en el largo plazo. Una pérdida en el presente puede parecer enorme e insuperable, pero cuando tomas una perspectiva más amplia, te das cuenta de que es solo un paso en un camino mucho más grande. El mundo de las inversiones y los negocios no se trata de ganar siempre, sino de acumular pequeñas victorias y aprender de los fracasos para construir un éxito sostenible. Mantén la vista en tus metas a largo plazo y no dejes que un tropiezo te haga perder de vista el panorama general.

Finalmente, recuerda que perder también tiene un lado positivo: te hace más fuerte y te prepara para enfrentar futuros desafíos con más sabiduría. Cada vez que superas una pérdida, te vuelves más resiliente y más consciente de tus capacidades. Las lecciones que aprendes de tus fracasos son mucho más valiosas que cualquier ganancia fácil, porque te dan las herramientas para crecer como inversionista, como emprendedor y como persona.

Perder no es el fin, es una parte natural del proceso. Si aprendes a aceptar, analizar, reajustar y seguir adelante, descubrirás que incluso las experiencias más difíciles pueden convertirse en la base de tus mayores logros. Las pérdidas no definen tu destino, pero cómo respondes a ellas sí puede marcar la diferencia entre quedarte en el mismo lugar o alcanzar el éxito que buscas.

La Velocidad Como Habilidad

En el mundo de las inversiones y los negocios, la velocidad no es solo un lujo, es una habilidad esencial. Actuar rápidamente no significa ser impulsivo o descuidado, sino saber reconocer el momento exacto para tomar una decisión y ejecutarla con precisión. En muchas ocasiones, la diferencia entre una gran oportunidad y una oportunidad perdida radica en qué tan rápido puedes moverte. Por eso, desarrollar la velocidad como una habilidad es crucial para tener éxito, especialmente cuando trabajas con estrategias de retorno rápido.

La velocidad comienza con la preparación. No puedes ser rápido si no estás listo. Imagina que ves una oportunidad para comprar un producto en descuento y revenderlo, pero no tienes el capital disponible, no tienes un plan o no sabes a quién se lo vas a vender. Por muy buena que sea la oportunidad, si no estás preparado, la perderás. La preparación incluye tener tus finanzas organizadas, tus herramientas listas y tus procesos claros. Esto te permite actuar sin perder tiempo en pasos innecesarios.

Otro aspecto fundamental de la velocidad es la capacidad de reconocer oportunidades en tiempo real. Muchas veces, las mejores oportunidades no se anuncian ni llegan con advertencias previas. Tal vez sea un cambio en el mercado, una tendencia emergente o un producto que comienza a agotarse. Si no estás atento, la oportunidad pasará frente a tus ojos y alguien más la tomará. Por eso, entrenarte para identificar patrones, analizar datos rápidamente y confiar en tu instinto es clave. Esto no significa actuar sin pensar, sino tomar decisiones rápidas basadas en información y experiencia.

La velocidad también está ligada a la confianza en tus decisiones. Muchas personas pierden tiempo valioso porque dudan o buscan la aprobación de otros antes de actuar. Si te has preparado, has hecho tu tarea y conoces los riesgos, es importante confiar en tu juicio. Cuanto más rápido puedas pasar de la idea a la acción, más posibilidades tienes de aprovechar una oportunidad antes de que otros lleguen a ella. Esto no significa que nunca debas consultar a expertos o analizar más a fondo, pero hay momentos en los que el tiempo es crítico y debes estar listo para actuar.

En el mundo de las inversiones rápidas, como el day trading o la compra y reventa de productos, la velocidad puede ser la diferencia entre obtener ganancias o perder dinero. Por ejemplo, en el day trading, el precio de una acción puede cambiar en segundos, y si no estás listo para comprar o vender en el momento adecuado, podrías perder la ventana de oportunidad. Esto requiere no solo estar atento, sino también tener herramientas como plataformas rápidas, conexión a internet estable y estrategias claras para ejecutar tus movimientos.

Sin embargo, la velocidad no se trata solo de actuar rápido, sino de ser eficiente. Puedes moverte rápidamente, pero si lo haces en la dirección equivocada, terminarás desperdiciando tiempo y recursos. Por eso, parte de desarrollar la velocidad como habilidad incluye eliminar distracciones y simplificar tus procesos. Esto podría significar automatizar tareas repetitivas, delegar funciones a otras personas o usar tecnología que te permita actuar con mayor rapidez. Mientras menos pasos tengas que dar para llegar a una decisión, más eficiente serás.

También es importante destacar que la velocidad no siempre significa ser el primero. En algunos casos, ser rápido implica saber adaptarte rápidamente a los cambios. Por ejemplo, si una inversión que parecía prometedora comienza a perder valor, la velocidad para salir a tiempo puede salvarte de una pérdida mayor. Esto requiere estar siempre alerta y dispuesto a ajustar tu estrategia en función de lo que está sucediendo en el momento.

Una de las mayores barreras para actuar rápido es el miedo. Muchas personas se paralizan porque tienen miedo de cometer errores, de perder dinero o de arriesgarse demasiado. Si bien es cierto que actuar rápido conlleva riesgos, también es cierto que no hacer nada puede ser igual de riesgoso. La clave está en equilibrar la velocidad con la responsabilidad. Esto significa calcular los riesgos antes de actuar, establecer límites claros para tus decisiones y siempre estar dispuesto a aprender de los errores.

La velocidad también requiere práctica. No es algo que ocurra de la noche a la mañana. Al principio, tal vez te tome más tiempo identificar oportunidades o sentirte seguro al tomar decisiones rápidas, pero cuanto más practiques, más natural te resultará. Esto podría implicar realizar simulaciones, invertir pequeñas cantidades para ganar experiencia o estudiar casos de éxito para entender cómo otros han actuado con rapidez en el pasado. Cada paso que des te ayudará a mejorar y a ganar confianza en tu capacidad para moverte rápido.

Finalmente, recuerda que la velocidad no significa sacrificar la calidad. Es un equilibrio entre actuar rápido y actuar bien. No se trata de ser apresurado o de saltar sin mirar, sino de saber cuándo es el momento adecuado para moverte y hacerlo con seguridad y claridad. Esto solo es posible si tienes una base sólida de conocimiento, un plan claro y la disposición para tomar decisiones con determinación.

La velocidad como habilidad no solo te ayuda a aprovechar oportunidades, también te permite estar un paso adelante en un mundo que nunca deja de moverse. Cuando aprendes a actuar con rapidez y precisión, te posicionas como alguien capaz de responder a los desafíos y capitalizar en las oportunidades antes de que otros siquiera las vean. Es una habilidad que no solo te llevará más lejos, sino que te permitirá disfrutar del camino con más confianza y menos estrés.

www.ingramcontent.com/pod-product-compliance
Lightning Source LLC
LaVergne TN
LVHW060258051026
849517LV00003B/859
9798230883371